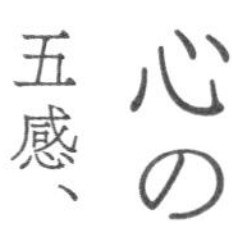

心の
いて

五感、
贈り物

堀　肇

HORI HAJIME

Forest Books

装画・挿絵　堀肇

著者の堀肇氏は二〇二三年五月二十八日、天に召されました。本書は二〇二二年に月刊誌「百万人の福音」に連載されたものです。堀氏の愛用の机の上に置かれていた校正の原稿を参考に再編集いたしました。ご家族から、堀氏がこの原稿について最後まで気に掛けておられたとお聞きしました。ご家族のお許しをいただき、愛する氏、いいえ、師への感謝を込めて発刊いたします。

いのちのことば社出版部

序文に代えて

何を見るのか、何を聞くのか

改めていうまでもないことかもしれませんが、私たちは、いつもその中に生きていながら意外に気がついていない世界があります。その一つは、一般に「五感」といわれている感覚の世界ではないかと思います。正確に言えば、体験していながら、ふだんはそれほど意識していないということでしょうか。

毎日、「見て」「聞いて」「味わって」という生活をしているのですが、その大きな恵みに気がつかないでいることが何と多いことでしょう。たとえば薔薇（ばら）の花を見れば、ほとんど誰もが例外なく感嘆の表現こそ異なれ、きれいだ、美しい、と思うのですが、ふつうはその時、その美しさに感動する程度にとどまります。

しかし、そこから一歩進んで、対象が語りかけてくるような声やメッセージに心の耳を傾けてみようとまではなかなか思わないものです。まして美醜を見分ける感覚は、一体どこから来るのだろうか、いったい誰がそれを造ったのだろうか、などというところまで思いを馳（は）せる人は少ないのではないでしょうか。

ところで、毎日外から入ってくる情報の九割は見ること（視覚）からといわれますが、その視覚に対してさえ、改めて思索を深めるような余裕がないほどですから、聴覚、味覚、嗅覚、触覚などとなると、特別に関心のある人を除けば、いちいち問題にして生活してはいません。あるとすれば、その感

覚器官に障害などが起きて初めて、ふだん与えられている恵みに感謝するのではないでしょうか。

私は絵画を好み、若い頃から暇をみて描いてみたり、展覧会にも出品したりしてもきました。もっとも今は忙しくてスケッチぐらいしか描けませんが、それでも目に映る世界には敏感なほうで、気に入った風景などに出合うと絵にしたくなります。ただそうは言っても、風景や物を見て、すぐ深い思索ができるわけではありません。まして他の感覚においては、それほど敏感に反応できません。また努力してできるものでもありません。

ところでこの「感覚」というものについて、最近、それまでとは異なった視点から関心をもつようになったきっかけがあるのです。それは私が牧師の働きの傍ら教育と実践に取り組んできたカウンセリングの世界から考えさせ

9　何を見るのか、何を聞くのか

られたことで、身に染みて感じるようになったことです。

来談者（相談者）の悩みは多岐にわたりますが、そのほとんどはせんじ詰めればどこにでもある人間関係の問題です。親子、夫婦、兄弟、友人、同僚、上司、部下などとの関係をめぐる悩みです。精神病理的な問題であっても、その背景や遠因には親子や兄弟などの家族関係という人間関係をめぐる問題が関わっています。病むということは関係が病むことでもあるのです。

そのような人間関係の悩みを聞いていて、改めて考えさせられたことは、関係を悪化させる情報の多くは「見ること」「聞くこと」から入ってくるということです。多くの人が「あの人は私を無視している」「あいさつもしてくれない」「あのことばで傷ついた」「あんなことを言われた、こんなことも言われた」などと言います。

これらをよく考えてみれば、それは最初に聴覚や視覚という感覚器官（目・耳）をとおして外から入ってきた情報がその人の思考や感情や過去の記憶なども結びついて、怒りや憎しみが引き起こされると言ってよいでしょう。ですから感覚というものは、その入り口という意味において、よくも悪くも「心の窓」とも言われているのです。

私はカウンセリングにおいて、来談者がもちこんでこられる情緒的、感情的な問題へのケアをし、また物の見方や認知の転換などを促すのですが、いつも思うことは、情緒的混乱や認知の歪みが起こる前に、というよりふだんから、五感を通して良い情報を取り入れる習慣を身につけることが必要なのではないかということです。

もっとも心の問題は遺伝的な気質や性格特性や家族関係などの問題も関係しており、ことは単純ではないのですが、外からの情報の入り口になる五感をもっと大切に扱わなくてはならないと、近年はそれまでより強く考えるようになりました。そもそも人間は周りの世界を確認するためには、感覚を頼りに生きているようなところがあるのではないでしょうか。もちろんそれがすべてとは言えませんが。

さて、現実問題ですが、私たちの人生には、あの一言を「聞かなければよかった」、あの光景を「見なければよかった」というようなことがあるのではないでしょうか。それらはまず聴覚や視覚など感覚器官をとおして心に入ってきたもので、ちょっとしたあのことば、あの光景が人生を変えてしまったというような経験をすることがあるのです。ですから「何を聞くのか」、「何を見るのか」ということはとても大切なことなのです。そうであるなら、常に良き情報を取り入れたいと思うのは自然なことではないかと思います。

しかし、そうはいっても聞かなくてもいいことや見なくてもいいことも入ってくるのが私たち人間の日常です。そしてその情報というものは、選ぶことのできる場合もできない場合もありますから単純ではありません。けれどもそのメカニズムを知って、少しでもよいものをこの目で見て、この耳で聞いて、心を健康に育てたいと思うのです。もちろん他の感覚も用いての話ですが。

本書はその感覚の大切さをできるだけ私の体験もふまえて記したものですが、聖書が、その五感の世界にも触れていることも大切なメッセージとしてお伝えしたいと思います。

目次

見ること

1 野の花を見よ

人間の「感覚」のうち何がいちばん大切なものかという質問をするのは愚かなことかもしれませんが、ごく単純に言って、朝目覚めるとき、順序はともかく、「目」という感覚器官（視覚）は耳などとともに、たちまち使うことになりますから、非常に大切なものです。これはわざわざ言わなくてもわかることです。朝を迎えたら、まずは目のお世話になるわけです。

しかしどうでしょうか。この目が見えるということは、本当にすばらしい恵みであって、もっともっと感謝しなくてはならないことなのですが、ふだんはそれを忘れてしまっているのではないでしょうか。

このことを今さらのごとく気づかされたのは、私が教えてきた大学の授業でのことでした。ある時期から毎年、視覚障害者の学生が履修されるようになり、授業のレジメ（講義概要）を事前にオンラインで送るなどの配慮が求められるようになったことによるものです。

こういう授業は教員も大変ですが、当の彼らは他の学生たちと比べて何倍もの努力が必要なのです。このことを考えると、目の見える学生たちには、普通に授業に出られることをもっと感謝して受講してほしいと思ったものです。そのことがわかるためにも、障害者の学生がクラスにいるということは、他の学生にとって良いことと言ってよいでしょう。

ところで目が見えるということへの感謝もさることながら、私は前述したように、若い頃から暇をみては、絵を描いてきましたので、目から入ってくる色や形が人の感情を大きく動かすことに特別な関心や興味を抱いてきました。

特に色の中には、心の静まる色もあれば、元気の出る色もあり、驚くことさえあります。これはことさらに色彩心理学などを学ばなくても、多くの人は経験的にわかっていて、衣服なども、その場の状況に合わせて使い分けたりしています。また部屋に飾る花なども種類はもとより、色彩もその日の気分によっていろいろ変えて工夫しているのではないでしょうか。もっともこれも心にある程度のゆとりがないとできないことではあるのですが。

主観的な話ととられるかもしれませんが、とりわけ色彩というものは、時々メッセージを放っているようにも思えることがあります。と言っても受け取る側の受け取り方次第ですから、普遍的なメッセージとは言えませんが、こ

Hajime Hori

のことについて私には印象深い思い出があります。見た色彩によって心が動かされるような経験です。と言っても私が直接見た色ではなく、画家が描いた絵の色ですから間接的なものではあるのですが。

もう二十年以上前のことになりますが、東京駅近くのブリヂストン美術館（現アーティゾン美術館）で開催された「モネ展」を鑑賞した折に、色彩を通して人生に対する一つの気づきともメッセージともいうべきものを与えられたのです。ご存じの方も多いと思いますが、モネの作品には同じモチーフ、同じ構図でありながら光を微妙に変化させて描いた、いわゆる「連作」と呼ばれる絵がいくつもあります。

一般によく知られている「睡蓮」や「ルーアン大聖堂」などはその良い例です。私がこの展覧会で特に感動を覚えたのは、まさにその異なった光の条件下で描かれた「ルーアン大聖堂」の連作の美しさでした。圧倒されるというのは、こういうことなのだと思いました。同じモチーフであっても描いた時（時間）によって光の明度は変わるわけですから、作品の色彩と雰囲気はみな異なります。しかしこのモネ展において、どの時刻に描かれた作品にもそれぞれ固有の色彩の美しさと、作品から伝わる異なった感動というものがあることを経験したのです。これは「連作」ならではの経験と言ってよいでしょう。

私は作品に表された色彩の変化を見ながら、人の一生というものについて考えさせられたのです。それは私たちの人生に当たる光の変化とも言うべきものの意味についてです。これは人によって異なりますから一概には言えないことですが、私たちの人生は明るい日差しが当たっている穏やかな春のような時もあれば、あまり日の当たらないつらく厳しい冬のような時もあります。

健康にも仕事にも恵まれ、家庭的にもこれといった特別な問題もなく、この幸福がいつまでも続いてほしいと祈りたくなるような明るい光が当たっているような時もあります。

ところが、ちょうど夕立のように突然、人生の空模様が変わり、思いがけない問題に見舞われることがあります。突然でなくても徐々に何もかもうまくいかなくなり、時として生きているのが嫌になってしまうような気持ちになることもあるのではないでしょうか。

確かに人生に当たる光というものも自然界と同じように一定してはおらず、絶えず変化するものなのです。この変化に不安を感じたり、おびえたりしているのが私たち人間の現実です。

しかし、私はモネの連作を見ながら、私たちはどのような光の条件下にあっても悲観したり諦めたりしてはならないと思わされたのです。たとえ夕暮れのような明度の低い状況に置かれることがあっても、それを運命として見るのではなく、神が与えられた意味ある現実として受け入れ、その時々を人生

Clematis
petriei

の大切なプロセスとして受け止めていくならば、やがてそこにはその人にしか描けない美しい絵が完成されていくのではないかと思うのです。

当たる光の量は問題ではありません。夜明けや真昼の絵だけが美しいのではなく、夕暮れの絵もまた美しいのです。人が本当の幸せを願うならば、人生についてこのような認識や視点の転換がどうしても必要なのではないでしょうか。朝明けも日盛りも夕暮れも等しく美しい。つまり光は異なっても、どんな色彩であっても私たちの人生に描かれる絵は美しくなり得るのだと、モネの連作をじっくり見ながらしみじみそう思ったのです。

話は人生観にまで広がってしまいましたが、人間が表現した一作品の色彩であっても、少し静まってそれを見ていると、「見ること」のもたらすすばらしさと、そこから語りかけられてくるメッセージを聞くことができる世界があるということをお伝えしたかったのです。見ることは心を動かし、物の考え方にも影響を与えます。私はこの五感の一つに改めて驚きを覚えるのです。

ところで、この「見る」ということについて、聖書にはすばらしい言及があります。たとえば旧約聖書の「詩篇」を見ますと、詩人はこう語っているのです。

私は山に向かって目を上げる。
私の助けは　どこから来るのか。
私の助けは主から来る。
天地を造られたお方から。

（詩篇一二一篇一、二節）

これは聖都エルサレムへ向かう巡礼の旅をする人たちが、その道中、山を見上げて発したことばです。彼らは雄大な山々をその目で見て感嘆し、さまざまな困難を乗り越えていくための助けは、一体どこから来るのだろうと言っているのですが、それは山を見上げて自然を崇拝しているのではなく、天地万物を造られた神を見上げてそう言っているのです。

私たちが山々だけでなく、自然界の雄大さやその神秘に目を向けるとき、その背後に創造者である神を見ることができるとすれば、それは何と素晴らしいことでしょう。

実を言えば、これは特別な人だけでなく、人はみなそれを発見できるように造られているものなのです。使徒パウロは「神の、目に見えない性質、すなわち神の永遠の力と神性は、世界が創造されたときから被造物を通して知られ、はっきりと認められる」（ローマ人への手紙一章二〇節）と言っていますが、これはどんな人も、よくよく考えるとわかることではないかと思います。目を通して自然界が見えるということは、神を知る機会が与えられていると言ってもよいのではないでしょうか。

イエス・キリストも「山上の説教」といわれる話の中で、自然の美しさについてこんなことを語られたのです。

なぜ着る物のことで心配するのですか。野の花がどうして育つのか、よく考えなさい。働きもせず、紡ぎもしません。しかし、わたしはあなたがたに言います。栄華を極めたソロモンでさえ、この花の一つほどにも装っていませんでした。

（マタイの福音書六章二八、二九節）

ここに「野の花」ということばが出てきますが、これは人が日常生活の中で常に陥る「思い煩い」を退けるようにというメッセージを伝えるための引き合いに出されたたとえです。ここで注目したいのは、イエスは「野の花」

について語られたとき、ただ単にたとえとして語られたのではなく、その美しさを「栄華を極めたソロモンでさえ、この花の一つほどにも装っていませんでした」と言って、その美しさに目を留めるように言われたのです。花の美しさを「見ること」を通して心の世界に語りかけられたのです。

私たちは神が造られたこの目という感覚器官を通して、毎日さまざまな物を見ていますが、この「見ること」を通して心豊かな人生を歩んでいきたいと思うのです。そして何よりも、この肉眼では見ることのできない神を「見ること」ができれば、それは何と素晴らしいことでしょうか。

最後にこの神を見ることに関してイエス・キリストが語られた大切なおことばを付け加えておきたいと思います。ヨハネの福音書に出てくる話です。ピリポという弟子がイエスに「私たちに父（神）を見させてください。そうすれば満足します」（一四章八節）と言うと、イエスは「わたしを見た人は、父を見たのです」（一四章九節）と言われたのです。これはすばらしいことばです。聖書はイエスを「見る」ことを通して「神を見る」ことができると語っているのです。これは、見ることの極致と言ってよいでしょう。

2 聞くに早く

朝起きるとき、目覚まし時計などなくても自然に瞼（まぶた）が開くことがあるとするなら、それは十分睡眠を取っているときかもしれません。あるいは前の日から何かが気になっていて、早々と目が覚めてしまうという場合もあります。しかし、なかなか早く起きられなくて、目覚まし時計の音を聞いて起きる人、また家族が一緒に暮らしている場合などは、先に起きている人が出している生活音で目が覚める人も多いのではないでしょうか。

そういう場合、私たちが最初に使うことになる感覚器官は「耳」（聴覚）

ということになります。この耳を通して「音」は心というものを動かすのです。小鳥のさえずりは目覚めを爽やかにしてくれますが、朝から空模様が悪ければ気持ちは憂うつになります。とはいえ音が聞こえるということは感謝すべきことです。

私自身は、これから年を重ねれば、どうなるかわかりませんが、幸い今に至るまで耳が聞こえにくいということがないせいか、聞こえるのが当たり前の生活に慣れてしまい、そのありがたさを忘れてしまっています。でも時として、この聞こえるということに、はっと思わされることがあるのです。

私は音楽に特別な才能があるわけではありませんが、ふりかえってみると不思議なことに、小学生のときには合唱部に入ったり、中学ではブラスバンド部に入ったり、高校では選択科目で音楽を選んだりしたことを考えると、才能はなくても、音楽が好きな人間なんだと思うことがあります。

また、子ども時代から日曜学校・教会に通っていましたから賛美歌はいつも生活の中にありました。牧師となってからも礼拝やさまざまな集会でまがりなりにも歌い続け、聞き続けて今に至っています。

そうした中で、本当に心を打つ素晴らしい音楽作品に出合うことがあります。そうは言ってもそれは私にとっての素晴らしさですから、主観的な世界と言ってもいいでしょう。そうした心打つ作品との出合いは賛美歌の中にもクラシック音楽の中にもたくさんあります。

もう四十年ほど昔の話になりますが、ＮＨＫのラジオ番組で毎朝放送されていたクラシック音楽をテープに録音して聞き続けていたことがあります。ベートーヴェン、モーツァルト、ショパン、リスト、バッハなどを始め、著名な作曲家の作品を聞き続けました。わけもわからず、ただ感動していた記憶があるのですが、そのうちに自分はどういう曲が好きなのだろうかと一つ

一つ消去法で心に留まった曲を残してみました。するとどの作曲家というのではなく、曲としては繊細さの中にも、どこか明るさも感じられるようなものが残ったのです。とはいえ、それはそれほど単純ではなく、ヨハン・シュトラウスのワルツのような曲も好きだということもわかりました。

私はこのやや実験に近いような妙な試みの中で、ふと「音」というものはなんと人の心を動かすものなのだろう、と改めて感動したのです。音は私たちの感情に触れ、慰めや励まし、勇気や希望さえも引き起こしてくれるのです。そのような心豊かな世界をもたらしてくれる感覚器官（耳）が与えられ、「聞くこと」ができるのはなんと素晴らしい神の恵みだろう、と改めてその事実に感動したのです。

ところで、この聞こえるということの素晴らしさはなにも音楽だけではありません。それは聞く生活の一部です。私たちはもっと身近な自然界からもさまざまな音を聞いて生活をしています。風の音、雨の音、虫の声などさまざまな音があります。小川のせせらぎや小鳥のさえずりなどは、心をほっとさせてくれます。時間の余裕があれば、そのような音をわざわざ聞くために出かけてもいいのではないかとさえ思います。旧約聖書の「雅歌」の中にこんなことばが出てきます。これは春の訪れを歌ったものです。

ご覧、冬は去り、
雨も過ぎて行ったから。
地には花が咲き乱れ、
刈り入れの季節がやって来て、
山鳩の声が、私たちの国中に聞こえる。
（雅歌二章一一、一二節）

この歌をどう解釈するかはともかく、春の訪れとともに山鳩の声が聞こえてくるというその情景を思い描くだけでも、なんと心は明るくされることでしょう。これは「聞く」という世界の素晴らしい恵みです。

しかし、この聞く・聞こえるということは音楽や自然界の「音」だけでなく、人間が音声を発し、相手がそれを聞き、コミュニケーションをする手段としてのことばなどは、人間関係全体に関わっている最も大切なものではないでしょうか。何を語り、また何を「聞く」かは、人生の幸・不幸を決定してしまうほどのことと言ってよいでしょう。

誰もが大なり小なり経験することですが、あの話、あのことばは「聞かなければよかった」、「聞きたくなかった」などと思うことがあります。子どもでも大人でも人格が傷つけられるような非難や叱責のことばによって心に痛

TEA

手を受けた場合、内容によっては、なかなか癒やされないものもあります。

しかし、その逆もあって、その人の人生を大きくよい方向へ向かわせてくれるようなことばを聞くこともあります。愛のことば、慰めのことば、励ましのことばは、傷つき、閉じた心を癒やし、再生のエネルギーを与えて立ち上がらせてくれます。これも子どもでも大人でも同じです。もちろん相手の年齢や性格傾向によって、語る人のことば遣いや表現の方法は異なりますが本質は同じです。


振り返ってみると、これは多くの人の経験でもあると思いますが、たとえば、親があのとき褒めてくれた、励ましてくれたというような思い出などはしっかり覚えているものです。

まだ小学生の頃のことでしたが、夜中に目が覚めた時、隣の部屋で両親が語っている話の一部を聞いてしまったことがありました。その内容は詳しく覚えていませんが、何かのことで私のことを褒めてくれていたのです。これは聞こうと思って聞いたことばではなく、聞いてしまったことばですが、私の心を温かく支えてくれたことばの一つでした。

私は牧師ですから毎週説教をする生活を続け、また傍ら大学の授業や教会関係の講演会などで話をする生活を続けてきました。そうした中で、時々とても励まされる応答のことばを聞くことがあります。また拙著の文章についても褒めてくださる方々があります。それらのことばは、なかば社交辞令的なお世辞に近いようなものであったとしても、「また頑張ろう」という気持ちにさせられるという経験を幾度もしてきました。

見るだけでなく、「聞く」という生活は、生きていれば毎日朝から晩までついて回るわけです。その中で耳という感覚器官を通して何を「聞く」のか、これは内容次第で私たちの人生を変えてしまうほどのことなのです。それを考えると何かを語るということは、他者の人生に大きな影響を与えることになるわけですから、日頃使うことばには謹み(つつし)がないといけない、と今更のごとく思わされるのです。

この「聞く」ということに関して、聖書を読んだことのある人なら誰もが忘れることのできないことばがあります。それは話すより聞くことに重点をおかなくてはならないという教えです。ヤコブの手紙にこんなみことばが出てくるのです。

人はだれでも、聞くのに早く、語るのに遅く、怒るのに遅くありなさい。
(ヤコブの手紙一章一九節)

これは、話し好きな人には耳の痛いことばではないでしょうか。おしゃべりな人は自分では意識していないかもしれませんが、人の話を遮ってでも話すものです。こういう人は、話しながら次に自分の言うことを考えているようなところがありますから、相手はそこにいないも同然です。これでは対話的な関係は成立せず、よい人間関係やコミュニケーションを築くことができません。少し意識していないと難しいことかもしれませんが、「聞くのに早く、語るのに遅く」とあるように、まずは相手の話に耳を傾けたいと思うのです。

特別に悩みをもっている人の話を聞く場合には、相手が何を言っているのか、その語っている事柄を聞くだけでなく、そのことばの奥にある隠された感情や気持ちに耳を傾けることができたらと思うのです。カウンセリングでは、こういう聞き方を「傾聴」と言っています。これは少々難しいことかもしれませんが、そのつもりで相対すればできないことではありません。いずれにしても、こうした場合はなおさらのこと、「聞くのに早く、語るのに遅く」したいと思うのです。

加えてお伝えしたいことは、こういう聞き方をするということは、相手の心を大切にするということですから、言い換えればそれは相手を愛するということになります。このことに関してディビット・アウグスバーガーは、その名著『親身に聞く』（すぐ書房）の中の「聞くことは愛すること」の項で次のように語っています。聞くことは愛のしるしだというのです。

「聞かれることは、愛されることと結びついていて、ほとんど切り離すことはできません。自分がもっとも大切にしている事柄をほかの人に伝え、相手の人が、いっしょうけんめい聞いてくれて、私とおなじようにそれを大切なものとして受け入れてくれる……これが愛のしるしなのです」

それにしても、神が与えられた感覚器官（耳）を通して音楽や自然の世界から美しく素晴らしい音を聞くことができるだけでなく、人からの慰めや励ましのことばを聞くことができるのは本当に大きな神の恵みです。またそれだけではなく、人から親身に聞いてもらうことによって愛されている実感を与えられること。これはなんという喜びでしょうか。

嗅ぐこと

3 いのちに至らせる香り

感覚をめぐる生活を振り返ってみますと、見てよかった、聞いてよかった、また見なければよかった、聞かなければよかったなどと思うのは日常茶飯事ですから、誰もがその感覚器官（目・耳）の使い方の重要性は体験から言っても理屈なしにわかります。

ところが五感の中でも香りを「嗅ぐ」という感覚（嗅覚）については、それらと比べて、それによって生活上の問題が起こりにくいためか、それほど気にしないで生活しているのではないかと思います。香りによって心が傷つけられ、落ち込んでしまうというようなことはないわけです。

しかし、この香りというものは、とても大切な働きをしているものです。香りの分子は鼻腔（嗅覚）を通して脳に伝わる時に、情動や意欲や記憶などに関与している大脳辺縁系というところに直接伝わり、それが自律神経や内分泌系や免疫系に影響を与えると言われますから、香りは心身のバランスのためにはとても重要なものなのです。つまり健康な生活を維持するために香りは不可欠な要素と言ってよいでしょう。

最近の研究によれば、嗅覚を失った人はそうでない人と比較して死亡率が高いとの報告が出ているほどです。近頃では無臭化の傾向が出てきていますが、これなどは清潔な感じはするものの、心身の健康にはどうかと思います。

さて、このように香りは重要な感覚なのですが、よほど敏感な人やアロマセラピーなどに関心のある人でなければ、わざわざそこに踏み込む人はいないかと思います。そういう私自身も日常的には、好きな香りや嫌な匂いがあるといった程度のことで、それほど関心がありませんでした。匂いのことで人に迷惑をかけなければいい、というレベルのこだわりくらいでした。今でも生活に支障が出なければ、基本的にはそれでいいとも思っています。

ところが今から十五年ほど前のことですが、結婚して家を出た次女が大学時代に読んで置いていった紅茶に関する本を見つけ、ある日何気なく読むともなくペラペラめくって眺めていた時のことです。

結果、「これは面白い」と思ったのです。それまで考えてもいなかった紅茶の世界と出合ったのです。出合ったといってもそう大げさなものではなく、どうせ飲むなら少し知識があって飲んだほうがいいだろうという程度のことでした。

初めはダージリン、アッサム、セイロンといった産地名のついたストレートティーとアールグレイのようなフレーバーティー、またさまざまなブレン

Earl Grey
Hajime Hori

ドティーなどの紅茶の名前と、トワイニング、ウェッジウッド、マリアージュなどのブランド名がこんがらがっているのを整理してみたのです。どこで採れたか、どういう紅茶なのかを知って飲もうというわけです。

　続いて淹れ方、飲み方、グレード、ペアリング（食物との合わせ方）などを勉強してみたのです。そうした中でよく言われる「紅茶の基本は味と香りと水色」の三つであることの重要性を知りました。わけても風味や色もさることながら、香りに興味をもつようになったのです。

　これは私が香りに敏感ということではなく、その豊かさに惹かれたということでしょうか。爽やかな香り、華やかな香り、スモーキーな香り。改めて紅茶は香りを楽しむ飲み物かと思わされたのです。特に柑橘系の爽やかな香りをもつアールグレイなどはリラックス効果だけでなく消化器官や喉の調子も整えると言われていますから、多くの人に好まれているのがよくわかりました。なるほどと思いました。これはダージリンやアッサムなどとともにお店でも売られていますから簡単に手に入れることができます。

忙しい仕事の最中にちょっとしたティータイムをもち、紅茶をいただくと確かに心身ともにリフレッシュできるのです。ある人がそういう時間を「幸せな休止」といいましたが、まさにその通りなのです。私は神が香りというものを造られ、私たちがそれを楽しむことができることを今さらのごとく感謝しているのです。私たち現代人は少し意識的に「幸せな休止」の時をもってもいいのではないでしょうか。ひとりで、また家族や友人たちと共に。

不思議なことなのですが、香りに関心をもつようになった契機が実はもう一つあったのです。こちらの話は長女が関わっているのです。彼女は前述の「紅茶物語」と前後して、自分の本来の仕事とは別にアロマ・ハーブに関心をもち、私も妻も知らぬ間に仕事の合間を縫って、その関連の学校に通い始め、アロマセラピーのインストラクター、ハーバルセラピスト、ハーバルプラクティショナーなどの資格を取得していたのです。

私は初めのうち紅茶同様それほど関心はなかったのですが、疲れたときなどに彼女が精油（エッセンシャルオイル＝植物の香り成分だけを抽出したもの）の効能の話をしてくれたり、アロマスプレーやトリートメントオイルでケアしてもらっているうちに、その世界の恩恵にあやかることになったのです。

もっともこちらの世界には紅茶のような関わり方はしなかったのですが、この環境は心地よいものでした。精油にそれほど強い関心はなかったのですが、いつの間にかもらったラベンダー、ペパーミント、オレンジ・スイートの香りが好きになり、風邪予防やストレスケアなどにも用いるようになってきたのです。わけてもペパーミントなどは大好きになりました。

ちなみに最近では、この香りに関する知識が少しあると、日常生活の質（クオリティ）がずいぶんかわってくるのではないかと思うほどになりました。

H.Hajime

多くの人に好まれているラベンダーの香りなどは鎮静作用があり、心身のストレスを和らげてくれます。リラックスのためにはもってこいの香りです。これは私の個人的な印象にすぎないのですが、紅茶で言えばアールグレイのような感じでしょうか。

付け足しの話になりますが、香りが本当に好きな人は、それを生活の中で楽しむためいろいろ工夫をするのでしょうけれど、私などは香りのもつ効果・効能のほうに関心が向いてしまいます。前述のラベンダーの鎮静作用を始め、乗り物酔いにはペパーミント、頑張りたいときにはローズマリーとか、ティートリーなどの殺菌作用・風邪予防などに至っては、それを少し知れば誰もが興味を抱くのではないでしょうか。

ともあれ、私は予期せず娘たちを通して降りかかった香りをめぐる環境の中で、その香りを造ってくださった神に感謝したのです。

さて、その香りは人類の歴史の中ではどのように語られているのでしょうか。その起源は古代エジプトにまで遡ることができますが、旧約聖書の世界では神殿などでの礼拝の中で用いられていました。それは神殿が神聖な場所であることを示すとともに、香りが天に昇るところから祈りの象徴として用いられてきました。たとえば「詩篇」の中にその祈りの象徴としての香りが次のように記されています。

私の祈りが　御前への香として
手を上げる祈りが　夕べのささげ物として
立ち上りますように。

（詩篇一四一篇二節）

旧約時代の人々は実際に香(こう)を焚いて礼拝をささげたのですが、ただ香を焚けばそれでよいと考えたのではなく、この詩にあるように、香が立ち上るように祈りが天に届くようにと願って、そのように表現したのです。今日も教派によっては、香を焚く伝統をもっている教会もありますが一般的ではありません。しかし香りが天に向けて立ち上るという光景は、祈りのイメージとしてはわかりやすいと思います。

さて香りをめぐってもう一つ触れたいことがあります。その香りが登場する最も有名な話は、十字架を前にしたイエス・キリストが、ベタニヤ村に立ち寄られた時、マリアは「純粋で高価なナルドの香油を一リトラ取って、イエスの足に塗り、自分の髪でその足をぬぐった」と記されています。それで「家は香油の香りでいっぱいになった」（ヨハネの福音書一二章三節）というのです。

マリアのこの行為についてイエスは「わたしの葬りの日のために、それを取っておいたのです」と言われたのですが、ここでこのことばの解釈はさておき特に留意したいのは、イエスの生涯の大切な場面で香油が用いられたということです。この香油は復活物語などにも出てきます。またその意義について、賛美歌の中に「ナルドの壺ならねど」と出てくるほどです。

香りについては使徒パウロもとても印象深いことばを残しています。それはキリストを信じる自分たちのたちのことを「キリストの香りなのです」（コリント人への手紙第二 二章一五節）と言っていることです。これは古代ローマで戦争に勝利すると凱旋行進の際に香が焚かれたことをイメージしたたとえでしょう。その良い香りが天に上ったように、キリストによる勝利の香りを立ち上らせ、またその良き香りを周りに放つ者、それがキリスト者だというのです。

そのキリストによる勝利の香りとは何かと言えば、それはキリストを知ることによって与えられた救いの恵み、すなわち福音の香りと言ってよいでしょう。パウロはそれを「いのちに至らせる香り」とも語っています（同一六節）。

さて、こう考えていきますと、自分自身がそのような「いのちに至らせる香り」を放つ者でありたいと願わされるのですが、自らを振り返るとき、果たして良い香りを放てる者なのか、自信がなくなってしまうのです。しかしここで心に留めておきたいことは、私たち自身が香りの源泉ではない、キリストが香りの源泉であるということです。ここに思い至ると、その忘れていたような恵みの事実にはっとさせられるのです。

私たちはキリストのそば近くに生き、その福音の恵みを感謝し、その麗しいご人格に触れてさえいれば、その香りは自然に周囲に放たれていくということです。私たちは香りではなく、香りに触れて香りを放つ者だということ、これは当然すぎる理屈でしょう。この香りのことを考えると、いつも私の心に浮かんでくる賛美歌があります。それは『新聖歌』の四三八番の一節です。

悩む世人のために　咲き出でし花あり
その香　今や世界の　隅々に及べり
香り妙なるシャロンの野花よ
来たり開けや　この心の中に

「シャロンの野花」とはキリストのことです。

私は香りのことを考えると、それほどこだわった生活をしているわけではないのですが、神が嗅覚という感覚器官を造られたこと、そしてそれを通して花や果物などの香りだけでなく、さまざまな香りを備えてくださったことを、神の人間に対する愛に満ちたもてなしのように感じるのです。また危険な匂いを嗅ぎ分ける能力も与えられていることに感謝するのです。そして何よりも思いを「キリストの香り」、つまりその麗しいご人格の香りにまで引き寄せ、心を豊かにしてくださる神に改めて感謝するのです。

4 まことの食べ物

味わうこと

ふだんはないことですが、体調が悪かったり、風邪などを引いて熱が出たりすると、食欲が低下するだけでなく味がわからなくなることがあります。それは何を食べても砂を噛むような味気のなさと言っていいでしょう。味覚障害とまでいかなくても、異常を感じることは誰もが経験することがあるのではないでしょうか。そんな経験を少しでもすると、ふつうに食物がおいしく食べられるということは本当にありがたいことだと思わされるのです。

ところで、食物を「味わう」という感覚（味覚）は、注意して考えないと気がつかないことですが、他の感覚の刺激を受けて機能しているのです。食事をするときなど、その食物の色や形を見て（視覚）、あるいは香りを嗅いで（嗅覚）、食欲をそそられ、それを舌という感覚器官を通して味わうのです。

その辺りをもう少し丁寧に説明しますと、味覚は食物が入ると舌の表面にある「味蕾（みらい）」が刺激され、それが大脳に伝えられ味を感じます。またこの味蕾は分布している場所によって、甘味、酸味、渋味など、その感じ方が違っています。この他に、本来の味覚とは異なるものですが、口の中の触覚が知覚する温度や食感などは、おいしさを決める要素ともなります。それにしても食物を味わうということは、そのメカニズムもさることながら不思議な奥深さがあり感動します。

食べて味わうことについて、現代は食生活全体が豊かになっており、ほぼ自分が好きな物を選んで食べることができる時代です。よほど特別のものでなければ、手に入れることができます。おいしくなければ、明日にでも買い直しができますから、食物に対して「あれが食べられなくて残念だった」、というような強い印象は残りにくいのではないかと思います。

ところが私のような戦後の貧しい時代に子ども期を送った者は、おいしかったもの、初めて食べたものなどは、その時の風景まで思い出せます。強い記憶が脳内に痕跡を残しているのです。

こんな思い出があります。初めて食べたラーメン(中華そば)やチョコレートの味や香りなどの思い出は鮮明であり、記憶の糸を手繰れば短編小説にでもなるような物語を伴っています。その時経験した香りや食感などは、今ではどこを探してもないような感じがするから不思議です。あったとしても同じ味覚は存在しないでしょう。味覚やおいしさというようなものは、記憶によって取り入れられた感覚のようなものかも知れません。あのとき食べたあの味というようなものは、記憶の中に主観的に存在しているもののように思

えるのですが、その辺りは少々面倒な説明がいるようです。

記憶にまつわる話をついでにもう一つ。前述しましたように私は貧しい時代に育ちましたが、だからといって何でも食べられるわけではありません。幾種類かの食品は体が要求しないのです。幾ら試みてもなかなか好きになれない物があります。その一つは肉類です。出されて食べないことはないのですが、進んで食べたいとは思わないのです。なぜそうなのかということを自分なりに分析してみますと、香りや食感が合わないことも影響していますが、肉をめぐる幼い頃の記憶やある種の物語が邪魔をしているような気もしているのです。あるいはただ単に体に合わないだけのことかもしれませんが。

このように食物については、よくも悪くもさまざまな思い出がありますが、神から与えられた味覚という感覚によって、おいしく味わうことができることとは、感謝すべきことです。ただ残念なのは、ふだんはこの恵みに慣れてしまっているためか、病気をして味がわからなくなったり、食欲が無くなったりした時などに、改めてそのありがたみにはっと気づくのではないでしょうか。

食物をめぐって、さらにもう一つの思い出深い話があります。それは今から十年ほど前になりますが、りんごのもつ効用を調べていた時のことです。そこには驚くべき効果・効能があることを知りました。ヨーロッパでは「りんごを食べれば医者いらず」と言われたほど、健康によい果物です。特にペプチンという食物繊維が多く含まれ、整腸作用があり、また体内の余分な塩分を出してくれるカリウムが多く含まれていることでよく知られています。

そんなりんごのことについて調べていくうちにわかったことですが、その種類はものすごく多いということです。世界中には一万五千種、日本でも二千種ほどあり、青森県内では五十種類ほど栽培されているとのことです。

もちろん店頭に並ぶのはそのうちのわずかな種類だけですが、それでも季節を迎えると次々と現れ、何と豊富なことかと思わされます。王林、紅玉、ふじ、つがる、ジョナゴールドなどは有名どころで店頭でふつうに見かけるものです。

さてそのさまざまなりんご。見た目も食感も味もみな異なるのですが、アドベント（クリスマスを待つ期間）も近くなったある日のことでした。世界には多くの食物があり、りんごだけでもこんなに多くの種類があることにある種の感動を覚えたのです。栄養素から考えたらそんなに種類はなくてもいいわけです。こんなに多くあるというのは、創造主である「神のもてなし」だと思ったのです。私たちを楽しませてくださる神の温かい心を感じたのです。

そこで、そんなに多くの種類があるならば、その時の思いつきで買って食

H Hajime

べるのではなく、さまざまな種類を少しずつ買って、一切れずつでよいから家族で味わってみようと思い、アドベント初日から毎日異なった種類のものを食べてみたのです。そうは言っても店頭に並ぶ種類は限られていますから、まだまだ知らないりんごは山ほどあるわけですが。

そんなことをしていたら、教会に集う方々の中から、「こんなりんごがありました。おひとつどうぞ」といって持ってきてくださる方々も現れ、心がほぐされるような楽しい会話ができたことも忘れがたい思い出となりました。

そのほかりんごにまつわるエピソードは多くあるのですが、私がそんなややや遊びに近いようなことをしてみて改めて感じたのは、この舌という感覚器官を通して同じりんごでも種類によって感触、味がみな異なり、それぞれ固有のおいしさを味わうことのできる「味覚」という感覚に対する驚きです。この経験は、ややもったいぶった言い方になりますが、神に「私があなたに与えた舌をもっていろいろな味を楽しんでみなさい」と言われているような気持ちになった出来事でした。

さて、食べることに関する聖書の物語を取り上げれば、枚挙に暇がありません。現に聖書に登場する食物だけを研究・解説した本が出ているほどです。そういう本を読まなくても、聖書を一回でも読んだ経験のある人なら、あの有名な旧約聖書の「創世記」に出てくる「アダムとエバ」の物語を思い出すことでしょう。

それは神が世界を創造された時、その創造の業の最後にアダムとエバという人間を造られエデンの園に置かれた時の話です。神は、「見よ。わたしは、地の全面にある、種のできるすべての草と、種の入った実のあるすべての木を、今あなたがたに与える。あなたがたにとってそれは食物となる」（一章二九節）と言われたのです。神は人が生きていくに必要な食物を与えられたのです。
ところが神はそこに一つの制約をもうけられたのです。それは「あなたは園のどの木からでも思いのまま食べてよい。しかし、善悪の知識の木からは、食べてはならない。その木から食べるとき、あなたは必ず死ぬ」（二章一六、一七節）と言われた。つまり禁止事項が添えられたのです。ところがアダムの妻は蛇の姿を取って現れたサタンの誘惑に負け、それを取って食べてしまいます。

女が見ると、その木は食べるに良さそうで、目に慕わしく、またその木は賢くしてくれそうで好ましかった。それで、女はその実を取って食べ、ともにいた夫にも与えたので、夫も食べた。

（創世記三章六節）

これは人間の堕罪（原罪）の物語ですが、ここではその神学上の解説は横に置き、注目していただきたいのは、人類の悲惨で不幸な歴史は「食べること」から始まったということです。「食べるのに良さそうで、目に慕わしく……好ましかった」とはなんと誘惑的な情景を表したことばでしょうか。サタンは五感を通して働きかけてきたと言ってよいでしょう。聞いて（サタンの声）、見て、触れて、食べるという一連の行為は感覚器官を通じてのものでした。戒めを守るという意志や理性がこれに負けたということです。その意味で感覚には怖いものがあります。

同じ創世記に出てくる「ヤコブとエサウ」の兄弟物語にも、食べることで失敗した話が出てきます。兄エサウは巧みな猟師であり、「野の人」でした。弟のヤコブは天幕に住んでいたといいますから、「家の人」といってよいでしょう。ある時ヤコブが煮物を煮ている時、エサウが疲れて野から帰ってきました。エサウがそれが欲しいと言うと、ヤコブは長子の特権と引き換えに、それをあげようという提案をしたのです。エサウは軽薄にもパンとレンズ豆の煮物をもらって長子の特権を売ってしまったのです。

エサウはこのように一時の空腹を満たすために大切な特権を無くしてしまいました。煮物を見て、その香りを嗅いで、食べたいという肉体的、感覚的欲求には勝てなかったのです。これは人間誰しもが受ける誘惑の一つではないでしょうか。その人にとって体によくない食物を食べたり飲んだりすることがあります。時には空腹でもないのに、経験した味や味覚が忘れられなくて食べてしまうということさえあるのです。

ところで、聖書はこの食べることに対して、禁欲主義を教えているわけではありません。イエス・キリストは「日用の糧（パン）を与えたまえ」と祈ることを教えられましたし、弟子たちと共に食されました。多くの群衆に向かつて説教された時には、自らのことを「わたしがいのちのパンです。わたしのもとに来る者は決して飢えることがなく、わたしを信じる者はどんなときにも、決して渇くことがありません」（ヨハネの福音書六章三五節）と語られたのです。ご自分のことを食物にたとえられたところに人間に対する愛を感じるのです。

さらにイエスは十字架に架かられる前夜の「最後の晩餐（ばんさん）」ではパンを取り、祝福し、それを裂いて「取って食べなさい。これはわたしのからだです」と言って弟子たちに与えられました。ここにも食べること・味わうことを通して魂にいのちを与えられた物語が登場するのです。さらに復活の朝には、ガリラヤ湖の岸辺で漁から上がってくる弟子たちに魚を焼き、パンを用意され、「さあ来て、朝の食事をしなさい」と言って招かれたのです。ここを読むと焼き魚の香りが伝わってくるような感じがします。

このように聖書を読むと、食物を食べる話がたくさん出てきます。そして、そこには、それを通して語りかけられているメッセージがあるのに感動します。深い神学的・霊的な意味をもつ教えが、日常の食物を通して語られているのはなんと素晴らしいことかと思うのです。この「味覚」というテーマに即して言うなら、神の教え、みことばが、こんなふうにも表現されているのに感動を覚えるのは私だけではないでしょう。

あなたのみことばは
私の上あごになんと甘いことでしょう。
蜜よりも私の口に甘いのです。
（詩篇一一九篇一〇三節）

神のことばが「甘い」という味覚を通して表現されているところに引きつけられるものがあります。話がここまで来ますと、預言者エレミヤのことばを思い出してしまいます。彼は「私はあなたのみことばが見つかったとき、それを食べました。そうして、あなたのみことばは、私にとって楽しみとなり、心の喜びとなりました」（エレミヤ書一五章一六節）と。

神がこの体に味覚を与えられ、おいしいと「味わうこと」ができるようにしてくださった恵みにもっと感謝しなくてはと思うのです。またそれだけでなく、霊的な食物、いのちのパンであるみことばを食べて真に生きることができるようにしてくださったことに改めて感動を覚えるのです。

5 イエスは手を伸ばして

個人的な印象ですから断定的なことは言えませんが、視覚、聴覚……などの五感の中で「触れる」という感覚（触覚・皮膚感覚）は、それなしに生活が成り立たないほど重要なのですが、ふだんはこれが正常に働いていることを忘れてしまっているのではないかと思うことがあります。

触覚はふつう、圧覚、痛覚、温度感覚などに分けられます。圧覚は皮膚に何かが触れると生じますが、指先などは圧覚が敏感なところです。痛覚などはちょっとした怪我でも痛みとして感じます。また温度感覚は温度の違いによる刺激を感じる感覚ですが、体の部位によって随分異なっています。ちなみに口の中と耳たぶなどは十度も違うと言われています。このように触覚だけを考えても人間の生体は、環境に適応できるように実によくできていることがわかります。

さてこのような「触れる」という感覚は、物との関係の中では「熱い、冷たい、痛い」などの体験から敏感にならざるを得ないのですが、人との関係では実害が少ないせいか、その重要性は見逃しやすいように思います。

私は握手などは慣れないだけでなくパターンも一様ではなく、時と場所と相手を考えてやってきました。今振り返ると、儀礼的過ぎて随分そっけないと思われたことがあったのではないかと思います。大抵はお辞儀ですませるといった程度で特別なことでもなければ握手などはしません。もっとも宣教師の方々とも長く付き合ってきましたので、その場合は、お会いした時や別れの時などでは、相手に合わせて握手をしてきましたが、それも礼儀の域を出るようなものではありませんでした。

さて、時として必要ではあるのですが、あまり重要視されていない「触れる」ということは振り返ってみると、それでも子育てにおいては、特に乳幼児期にはよくやってきたと思っています。これは必要だからという理論に基づくものではなく親のもつ本能的行動のようなものですから、誰もが大体において同じなのではないかと思います。子どもたちが小さい頃、よく一緒にお風呂に入り、頬ずりをしたり抱きしめたりしながら遊んだものです。このスキンシップは日常生活における楽しいひとときでもありました。

ところで、この触れるという皮膚感覚がその時期の子どもたちの心身の発達においても最も必要なことであったことを考えると、私は今さらながらほっとしているのです。それは後に私が大学で発達心理学を教えることにな

り、改めて現代の発達理論などの研究を通して、その重要性に気づかされたことによるものです。さらに理論的な後付けを丁寧にしていく中でその重要性がわかってきました。

今ここでその詳細を述べることは本書のテーマから逸れますので割愛しますが、一言でいうなら子どもの健全な心身の発達・成長には、安定した愛着（アタッチメント）の形成が必要になります。それは大体において母子関係を中心としていますが、父親もそれを補うような関係が必要です。その場合、子どもが愛されているという感覚は、まずは皮膚感覚・身体感覚で体験していくものだということです。

豊かな人間関係を築き上げ、自らも成長していくことを目指す交流分析など、人がいかに「肯定的ストローク（刺激）」を受けてきたかどうかが中核的な理論となっています。とりわけ人生早期には愛情がともなった、「抱く、撫(な)でる」などの皮膚感覚によるストロークを必要としているのです。

しかしこうした理屈は頭の中ではわかっていても、子育て中は目の前の現実問題に対応するのにエネルギーを使いますから、冷静に考える余裕を欠いてしまうのです。しかし年月を経て学び直してみると、そうした理論がよくわかるようになります。この触れるという皮膚感覚の重要性もその一つです。

さて、子育てでは大抵はまず子どもを抱くことから始まりますから、例外的なケースはともかく、触れることなしには乳幼児期を通過できません。しかし大人になれば、恋人関係・夫婦関係のような場合は別として、ごく普通の人間関係では皮膚感覚を通して関わるようなことは、少なくとも日本の文化の中ではあまり多くはないでしょう。

もっとも女性同士は、男性より喜怒哀楽の表現として手を取り合ったり抱き合ったりしますが、男性はせいぜい時と場所をわきまえた握手程度のものです。それでもよくよく振り返ってみますと、誰の人生にも思い出になるような皮膚感覚での触れ合いというものは、多少なりともあるのではないでしょうか。

私自身の過去を振り返ってみますと、まだ青年牧師といってよい頃のこと、奉仕の上である決断に迷って、教会が所属する宣教団の責任者F宣教師と話し合ったことがありました。その時、F師は「堀先生。大丈夫ですよ。私たちは先生を必要としているんですよ」と言って、その大きな手で私の肩をポン、ポンとたたいたのです。それはとても温かな励ましに満ちたものでした。その感触は何か守られているような感じのもので、今も忘れることができません。

こんなこともありました。これもその頃のことですが、ある著名な伝道者のH牧師が、私が牧師をしていた市内の連合集会の打ち合わせの折に立ち寄られた時のことでした。先生には持病があり、その時少しご心配だったのでしょうか、打ち合わせが終わった時、「堀先生、私のために頭に手を置いて祈っ

H.Hajime

てください」と言われたのです。私は自分がまだ年若いことを考えると、大先生の頭に手を置いて祈るなどとんでもない感じがして考えられないことでしたが、言われるまま先生のご健康とそのお働きのためにお祈りしたのです。忘れられないのはその時の皮膚感覚です。先生のほうから私の手に伝わってくる温かくも力強い連帯感のような感触でした。これは私にとって、触れることについての貴重な体験となりました。

ただここでちょっと留意しておきたいことは、触れることのすべてが良いわけではありません。なれなれしくし過ぎて相手に不快感を与えてしまうのであれば、それは良くないことであり、特に男女の場合は例外的なケースはあるにしても、基本的には触れないほうがいいと私は思っています。

さて、このように触れるということは、子どもの発達過程においても、大人となってからも大きな意味をもつことはありますが、このテーマで深く教えられる物語が聖書に出てきます。それはイエス・キリストの伝道生涯における物語です。イエスはしばしば病人にその手を差し伸べられ病を癒やされたのです。

たとえばベツサイダというところに行かれた時、盲人に対して「手を取って村の外に連れて行かれた。そして彼の両目に唾をつけ、その上に両手を当てて」（マルコの福音書八章二三節）とありますように、相手に触れられたのです。この物語では、二度も同じように触れられたことが書かれています。

またユダヤ教の会堂管理者ヤイロの娘の病気を癒やされた時も「子どもの手を取って」（同五章四一節）癒やされたのです。またツァラアト（重い皮膚病）の人に手を伸ばして、その人に触れて癒やされたという物語も読む者を引きつけます。イエスは決して誰もしない、触れるという行為をされたのです。

そのほかにも聖書には、イエスがその手をもって触れられたという話は随所に出てきますが、触れていただいた人たちはどのような感触だったのでしょうか。きっと温かく力強く、もう触れられただけで体全身に再生のエネルギーが注ぎ込まれるような感じになるような経験だったのではないかと想像するのです。

さて、これはイエスのご在世当時の話であり、今私たちは直接その手をもって触れていただくことはできません。しかし見えざる御手でもって、私たちの心に触れていただくことができるのです。それは信仰の世界においてですから、身体感覚ではわからないことですが、心の感覚でイエスの御手の感覚はわかるのです。イエスが罪のゆえに傷ついた私たちの心に愛の手をもって触れ癒やされた、というのが信仰者の経験ですが、その御手に引かれて歩むのが信仰の生涯と言ってよいでしょう。

そんな世界を歌った賛美歌があります。「主がわたしの手を　取って下さいます」（『新聖歌』四七四番「主がわたしの手を」）とか「主よ、み手もてひかせたまえ」(『讃美歌』二八五番「主よ、み手もて」)などです。これらは目には見えないけれど、心において主の手に引かれて人生を歩んでいくという信仰の世界を歌ったものです。

このように、触れていただくという感覚は、心の世界でも体験できるものなのです。祈りによってイエスとつながるならば、それを通して愛や慰めや励ましが伝わってくるのがわかります。それが私たちを支えてくれるのです。加えて不思議というべきか、当然の帰結なのでしょうが、無条件の愛と赦(ゆる)しをもって支えてくださる主の手に触れていただくとき、私たちは他の人の心にも触れることができるようにされていくというのも、ひとつの事実なのです。

たとえば人間関係で深く傷ついた人は、その痛みや苦しみがわかりますから、同じような経験をしている人の気持ちがよくわかるようになり、いくらかでも助けになってあげたいという気持ちになります。そして一歩進んで寄り添い、話を聞いてあげるような行動をとるならば、それは相手の「心に触れること」になり、傷の癒やしのために大きな助けになっていく可能性があります。

さて、五感のうち触覚とか皮膚感覚というと、何か他の感覚よりも味気ない感じがしますが、物に触れるときに重要な役割をするだけでなく、人に触れる時にも大きな意味をもちます。また、皮膚感覚で触れることができなくても、「触れる」という世界が心にまで及んでいくことができるということは、なんと素晴らしいことでしょうか。

6 喜びの知らせを聞くために

五感を通してクリスマスを

小学四年生の頃、母に薦められて初めて教会の日曜学校に行きました。開拓伝道を始めたばかりの小さな町の小さな教会でした。礼拝があり分級があり、そこで聖書のお話を聞きました。先生が身振り手振りで一生懸命に語っておられた姿は記憶していますが、お話の内容はほとんど覚えてはいません。

ところが、クリスマスの夜に行われた集いは、なぜか今もはっきり思い出すことができます。視聴覚教材を使ったお話、楽しい賛美歌やプレゼントなどは子どもの心に残りました。やや鈍い電灯の光や会堂に漂う何か甘いような香り、また夜空を見上げながら家路についたこともよく覚えています。

今改めて振り返ってみますと、印象深く心に刻まれたもの、それらはみな五感を通してのものでした。教材、歌、プレゼント、光、香りなどのどれもがはっきり心に残っています。決まって読まれるマタイやルカの福音書の降誕物語なども、どこを読んでも心の中で絵画化されるから不思議です。クリスマスについて書かれた本※の中に、こんなことばが出てきました。

クリスマスは、
神がくださった五感の祝祭です！
輝かしい光景をよく眺めましょう。
芳ばしい香りをかぎましょう。
響き合う音を聞きましょう。
おいしいご馳走を味わいましょう。

心引かれる織物の手ざわりを感じましょう。

クリスマスだけでなく、事柄や対象を認識する場合、ことばによる説明も必要ですが、加えて、この目で見、この耳で聞き、この舌で味わうなら、その実態をより深く知ることができます。イエスも福音を語られたとき、五感で認識できる比喩や象徴を用いて真理のことばを伝えられたのです。今年もクリスマスの時節を迎えましたが、その「大きな喜びの知らせ」（ルカの福音書二章一〇節参照）を聞くために、神が与えられた五感を豊かに用いてみましょう。クリスマスおめでとうございます。

※『クリスマス セラピー』（サン パウロ）

Hajime Hori

あとがき

よくことばにする「導かれる」というのは、本当に不思議なものです。人との出会いやさまざまな出来事、また思わぬことが動機付けとなって、あることをするようになってしまう、人生にはそんなことがあります。信仰の世界では「神のご計画があって、今ここで、このことを」などと言ったりもしますが、それとてそうなっている本当の理由は後になってわかるような気がします。

本書について考えると、そんな感じがしてなりません。私は幾種類かの本を書いてきましたが、「五感」についての本を書こうと考えたことはありませんでした。ところが今から数年前、いのちのことば社「恵みシャレー軽井沢」

主催の「香りのセミナー」にチャプレンとして招かれた時、講師の香りについてのお話しをお聞きしながら、聖書には香りだけでなく、見ること、聞くこと、食べること、触れることなど、五感の世界が随所に記され、それらを通してメッセージが語られていることに改めて心が留まったのです。

そこである年の礼拝メッセージの折に、「聞くこと」から始めて連続五回にわたってお話ししたのです。この種のテーマの連続説教は、長い間牧師をしていても経験しなかったことです。これは「香りのセミナー」が私に与えてくれた恵みだと思っています。

しかし、そのような企てをもつに至ったのには、何の材料もなかったわけではありません。今まで書いてきた本の中で、イエスの語られた「野のゆり」を「見ること」の意味について記したり、モネ、ルオー、ミレーなどの絵画から考えさせられることをエッセイにもしてきました。音楽などにもそれなりに思い出があり、「聞くこと」について目が開かれる経験をしてきました。

「嗅ぐこと」に関しては本が契機になって紅茶を楽しむようになり、それまであまり関心がなかった香りの世界に興味をもつようにされてきました。

また長年、大学で教えてきた心理学関係の授業では、直接ではなくても基礎的な感覚・知覚・認知については理解を共有するため、折にふれ語ってきました。またキリスト教の霊性の神学や訓練の中では、五感は非常に大切なものであったことを再認識させられてきたことなど、そんなさまざまな背景があって、この本を書く決心に至りました。

最後にもう一つ付け加えたいことは、前述したようにセミナーに参加して香りに関心を抱き、そこから聖書にみられる五感の世界に興味をもち説教をするまでに導かれてきたことに、不思議な神の導きを感じているということです。しかし、それだけで本書が出版に至ったわけではありません。そこにはもう一つの備えがあって実現に至ったのです。それは「このテーマで本を書いてみませんか」とのセミナー担当者（編集者）の一押しがあったから踏み出せたのです。今振り返ってみて、そのような出会いと導きが与えられたことを改めて感謝し、かかわりのあったすべての方々に改めてお礼を申し上げる次第です。

堀　肇

■著者プロフィール

堀 肇（ほり・はじめ）
1944 年、岐阜県に生まれる。
鶴瀬恵みキリスト教会牧師、お茶の水聖書学院講師、臨床パストラル・スーパーバイザー（PCCAJ 認定）、NHK 学園聖書講座講師、ルーテル学院大学講師、聖学院大学大学院講師などを歴任。
著書に『聖書のにんげん模様』『こころの部屋を空けて』『たましいの慰め こころの余裕』『こころの散歩道』『谷陰を越えて歩む 聖書の世界に生きた人々［旧約編］』（以上、いのちのことば社）『こころにやさしく』（CLC 出版）『悩んだときにひらく本』（ファミリー・フォーラム・ジャパン）など多数。
2023 年 5 月 28 日、肺炎のため召天。78 歳。

心の窓を開いて
五感、それは神の贈り物

2023年7月31日発行

文・画（装画・挿絵） 堀 肇

発行 いのちのことば社フォレストブックス

〒164-0001 東京都中野区中野2-1-5
編集 Tel.03-5341-6924 Fax. 03-5341-6932
営業 Tel.03-5341-6920 Fax. 03-5341-6921

装丁 長尾契子

ISBN978-4-264-04449-9